Alessandro Baricco
—

Quel che stavamo cercando
33 frammenti

0.

Ciò che un medico decide di chiamare *malattia*, è una malattia.

Ciò che un virologo decide di chiamare *virus*, è un virus.

Ciò che un epidemiologo decide di chiamare *pandemia*, è una pandemia.

1.

ma in realtà bisognerebbe provare a comprendere la Pandemia come *creatura mitica*. Molto più complessa di una semplice emergenza sanitaria, essa sembra essere piuttosto una costruzione collettiva in cui diversi saperi e svariate ignoranze hanno lavorato nell'apparente condivisione di un unico scopo.

2.

le *creature mitiche* sono prodotti artificiali con cui gli umani pronunciano a se stessi qualcosa di urgente e vitale. Sono *figure* in cui una comunità di viventi organizza il materiale caotico delle proprie paure, convinzioni, memorie o sogni. Abitano uno spazio mentale che chiamiamo mito: averlo concepito, e averne quotidiana cura, come della propria dimora, è uno dei principali gesti grazie a cui gli umani si assicurano un destino. O lo riconoscono.

3.

niente di più fuorviante che usare il termine *mito* come sinonimo di evento irreale, o fantastico, o leggendario. Il mito è ciò che aggrega un pulviscolo di fatti nel profilo di una figura leggibile. In un certo senso è ciò che porta l'indistinto di ciò che *accade* alla forma compiuta di ciò che è reale. È un fenomeno artificiale, questo sì, è un prodotto dell'uomo.
Ma scambiare *artificiale* per *irreale* è sciocco. Il mito è forse la creatura più reale che c'è.

4.

dire che la Pandemia è una produzione mitica non vuol dire che non sia reale, e tanto meno che sia una favola.
Al contrario. Dire che la Pandemia è una produzione mitica significa sapere con certezza che una quantità enorme di decisioni molto reali l'ha prima resa possibile, poi quasi invocata, poi generata definitivamente, assemblandola con un numero infinito di piccoli e grandi comportamenti pratici.

5.

il gesto con cui grandi comunità di umani riescono a costruire un mito risulta in larga parte misterioso. Difficili da decifrare sono le ragioni per cui lo fanno, e i tempi che scelgono per farlo. Tuttavia, la precisione – e spesso la bellezza – del prodotto finale, unitamente all'impressionante complessità di cause che lo generano – su ciascuna delle quali lascia il segno la mano artigiana degli umani – dà alle creature mitiche una tale statura che non di rado sono state trattate come divinità. In questa dinamica è inscritto che nel produrre mito gli uomini diventano più di ciò che sono.

Dove non c'è creazione mitica, gli umani si arrestano. Come bloccati da un incantesimo.

6.

può accadere di lottare per sconfiggere il mito, insegna l'*Odissea*.

Può accadere di lottare per edificare il mito, insegna l'*Iliade*.

L'élite intellettuale omerica aveva le idee chiare. Attraverso il mito gli umani generano mondo. A causa del mito lo perdono.

E poi così, per sempre, in una rotazione senza fine.

Né buona né cattiva. Solo inevitabile. Giusta.

Il destino degli umani è tessuto con il filo del mito, intendevano dire, i nostri padri. Desideravano che lo sapessimo.

7.

la resa senza condizioni al metodo scientifico ci ha resi incapaci di leggere il mito, di capire la sua produzione e perfino di dare valore alla sua presenza nella vita degli umani. Regredito a reperto magico, o semplicemente a espressione di una certa ignoranza, è combattuto in nome della chiara luce della verità, quella per la prima volta balenata nella mutazione illuminista.

Ma solo civiltà in grado di riconoscere la produzione del mito, mettendola in rotazione con il lavoro di lettura della scienza, possono leggere il proprio destino correttamente.

Con gli occhi della scienza si legge un testo privo di vocali. Erano così certe scritture arcaiche, poi rivelatesi insufficienti a dire il mondo.

8.

i nomi della scienza sono le conchiglie che rimangono nella sabbia quando l'onda del Mito si ritrae attratta dai campi magnetici delle maree.
    Virus: molluschi.

9.

l'espressione *creature mitiche* ci viene da un passato in cui ancora gli umani sentivano il bisogno di allestire i propri miti nella forma di animali, o fenomeni naturali, o deviazioni mostruose del creato. Ma da tempo, ormai, gli umani si sono fatti più raffinati. Si sono resi conto di creare miti che, assemblando schegge dell'accadere, compongono figure artificiali, e non di rado astratte.

Si rende necessario un esempio.

L'inconscio è una creatura mitica di questo tipo. Non è *evidentemente* un fatto: a essere generosi può essere indicato come lo spazio ipotetico di fatti che accadono e che non sapremmo collocare altrove. Tuttavia, chiedersi se esiste *davvero* è una domanda infantile, e comunque mal posta. Poiché è un mito, fa parte del nostro sistema di realtà. Si possono salvare persone dal dolore, usandolo. Si generano effetti, accettandolo come categoria dello stare al mondo. Un giorno sicuramente disegneremo figure mitiche più efficienti. Già lo stiamo facendo. L'inconscio si dissolverà. Non ne faremo più uso. Sarà conservato nell'archivio delle nostre creazioni mitiche obsolete. Di fianco al Minotauro, per dire.

10.

può risultare utile un altro esempio.

Anche la *profondità* è una creatura mitica.

Di rado ne abbiamo costruite di migliori e più efficienti. In una sola parola si fissava l'eventualità di un luogo che dava senso a mille presentimenti, un intero sistema etico e una precisa idea di anima. Per almeno due secoli ha guidato quasi ogni nostro sentire. Tuttavia ora la stiamo abbandonando perché inadatta a decifrare il mondo contemporaneo. È un mito che si sta dissolvendo. Quando ancora viene usato per descrivere il reale, suggerisce mappe che, prese alla lettera, generano situazioni fastidiose, non di rado piuttosto comiche. Convinti di dover scalare pareti insidiose ci si trova davanti praterie. Dove la distanza è tracciata nell'ordine delle ore, si raggiunge la meta in qualche minuto. Disegnati con minuzia ammirevole e bellezza immutata, popolano quelle mappe fiumi dissecati, confini aboliti, splendide città ora in rovina e misteri da tempo svelati. È il continente della profondità. Negli spazi bianchi, là dove compare la splendida espressione *hic sunt leones*, noi *siamo andati a vivere*.

11.

ma non solo figure astratte. Da sempre gli umani costruiscono creature mitiche perfino in forma di *eventi*. Per quanto possa sembrare irragionevole, bisogna essere capaci di pensare che *quel che accade* è spesso una produzione mitica, non semplicemente l'effetto di una rete di cause.

12.

in un'intervista, Jung ricordò di aver previsto l'ascesa di Hitler semplicemente ascoltando i sogni dei suoi pazienti negli anni immediatamente precedenti all'avvento del nazismo. Stava cercando di spiegare che spesso la Storia non è che la traduzione in evento di certe pulsioni dell'inconscio collettivo. Quel che c'è di utile in una simile teoria è l'idea che, al di là delle opinioni formalizzate in qualche modo dai singoli individui, esistano convinzioni collettive per così dire asintomatiche: gemmano e si moltiplicano usando la coscienza individuale come inconsapevole incubatore e restando sostanzialmente illeggibili fino al momento in cui emergono con la rapidità di una pandemia quando si compattano in un'unica figura di senso, atroce o virtuosa che sia. Descritta in questo modo, la Storia cessa di essere semplicemente un fenomeno generato da quelle logiche che appunto gli storici sono incaricati di decifrare, ed entra di diritto nell'ambito del *fare mitico*: diventa Storia ciò che gli umani non sanno di pensare fino a quando non riescono a produrlo a se stessi, a sintetizzarlo e a nominarlo nella forma di un evento storico.

La Pandemia è un evento storico di questo tipo.

13.

la Storia è quanto riusciamo a pronunciare delle nostre premonizioni. È sempre eco di una profezia, disordinato protocollo di una confessione, tardivo prorompere di istinti a lungo repressi. La Storia è un urlo.

Chi non sente l'urlo, non può ascoltare, e quindi si limita a guardare. Quel che appare a quella sordità è un detrito muto: i nomi sanciti dalle scienze.

I nomi della scienza sono le conchiglie che rimangono nella sabbia quando l'onda del Mito si ritrae attratta dai campi magnetici delle maree.

Virus: molluschi.

14.

bisognerebbe dunque provare a pensare la Pandemia come a una creatura mitica. Molto più complessa di un semplice evento sanitario, rappresenta piuttosto una costruzione collettiva in cui diversi saperi e svariate ignoranze hanno spinto nella stessa direzione. Innocui eventi sportivi, profili social apparentemente insignificanti, governi fragili, giornali sull'orlo del fallimento, semplici aeroporti, anni di politica sanitaria, il pensare di innumerevoli intellettuali, comportamenti sociali radicati nelle più antiche tradizioni, App improvvisamente utilissime, il ritorno sulla scena degli esperti, il silenzioso esserci dei giganti dell'economia digitale – tutto ha lavorato per generare non un virus, ma una creatura mitica che dall'incipit di un virus si è impossessata di ogni attenzione, e di tutte le vite del mondo. Prima e più velocemente della malattia è quella figura mitica che ha contagiato l'intero mondo. *Quella* è la vera Pandemia: riguarda l'immaginario collettivo prima che i corpi degli individui. È la deflagrazione di una figura mitica, a una velocità e con una potenza che ha lasciato tutti sconcertati. A molti, non a caso, ha ricordato l'esperienza della guerra: le circostanze pratiche erano completamente differenti, non si sparava un solo colpo, non c'erano nemici, eppure quel che la gente ha registrato è che, nella memoria, l'unico altro evento che avesse avuto quella inarrestabile efficacia pandemica era la Guerra. Stava allineando istintivamente la Pandemia alle altre grandi creature mitiche di cui si aveva memoria, accettando di prenderla per quello che effettivamente era: un contagio delle menti prima che dei corpi.

15.

già prima della Pandemia si poteva registrare un'inusuale attività sismica là dove un certo asintomatico sentire collettivo straripa fino a generare Storia. In poco tempo, diverse figure mitiche di notevoli proporzioni hanno iniziato a ridisegnare, come sospinte da un'improvvisa urgenza, lo skyline mentale degli umani. Mentre la rivoluzione digitale costruiva inarrestabilmente in tutto il pianeta il mito per eccellenza, quello di una terra promessa, in zone più circoscritte del mondo fiorivano grandi racconti mitologici di splendida fattura:
la guerra al terrorismo, poi la minaccia dei migranti, poi l'emergenza dei mutamenti climatici, con in prospettiva un grande classico: la fine del mondo. Dopo decenni di apparente anemia mitica, qualche magma sotterraneo di elevatissima temperatura sembrava aver trovato una bocca da cui eruttare – boati e bagliori.
    Poi, la Pandemia.

16.

dire che la Pandemia è una produzione mitica non vuol dire che sia una favola, e tanto meno che non sia reale. Al contrario. Poiché la Pandemia è una produzione mitica, sappiamo con certezza che una quantità enorme di decisioni molto reali prima l'ha resa possibile, poi quasi invocata, poi generata definitivamente assemblandola con un numero enorme di piccoli e grandi comportamenti pratici. In essi è quasi leggibile una sorta di volontà maggioritaria, di corrente dominante, che da tempo stava defluendo in una direzione molto chiara. Si può dire che quasi tutte le scelte, di ogni tipo, fatte dagli umani negli ultimi cinquant'anni sembrano fatte apposta per creare le condizioni di una pandemia. Non necessariamente negativa, o mortale, e sicuramente non confinata nei limiti angusti di un evento sanitario. Si è lavorato molto per creare un unico campo da gioco in cui ci si potesse spostare con una velocità e una facilità mai conosciute prima: vale la pena di ricordare come, dovendo scegliere un termine per nominare quell'andatura stupefacente, si sia finito per scegliere, con istinto sicuro, il termine *virale*. Abbiamo ricostruito un Tutto, anzi, diversi Tutto. Farci correre informazioni o denaro o numeri o notizie o musica cambia poco le cose: è sempre un gioco pandemico. Se inizia a correrci dentro un virus, nulla potrà accadere di diverso da una pandemia. Magari non la prima volta, magari non la seconda. Ma prima o poi, è evidente che dovrà accadere.

Può suonare strano dirlo, ma è evidentemente quello che stavamo cercando.

17.

c'è sempre una *sproporzione* là dove gli umani generano il mito. Un'illogica disarmonia, se non una chiara deformità. Era evidente nelle creature mitiche di carattere animale - mostri. O nel destino grottesco di certi eroi tragici. In modo più sottile, la produzione mitica conserva una traccia di scandalosa sproporzione anche quando genera creature non animali, ma astratte o sociali. La grottesca forbice tra ricchi e poveri in cui viviamo non si sarebbe mai potuta formare senza che una prospettiva mitica le procurasse una legittimazione per così dire *epica*. L'enormità del numero dei morti della Prima guerra mondiale non può essere spiegata con alcuna logica che non sia quella, illogica, del mito. La deformità morale dei campi di sterminio nazisti recupera i tratti terrorizzanti e grotteschi dei mostri arcaici.

Ma anche la piccolezza dei numeri, quando ad esempio si parla di morti per attacchi terroristici o di deceduti per un virus, può tradire una scandalosa sproporzione, se si considera l'enormità di effetti che poi quei numeri finiscono per generare. È una sorta di deformità aritmetica - puntualmente rilevata con sconcerto dalla coscienza collettiva - che segnala la presenza inequivocabile del mito.

18.

così, mentre salutiamo i morti, curiamo i malati, e distanziamo i sani, abilmente disegniamo una figura mitica, in cui pronunciamo noi stessi. Naturalmente lo sguardo è fisso sul virus e i suoi movimenti, ma basta chiudere gli occhi per *sentire* tutto il resto – come un rumore di fondo. Il dilagare di *murales* di cui l'andare del virus non è altro che lo schizzo iniziale, di carbone. È una sorta di oscura vibrazione che abbiamo imparato a riconoscere: l'andare sontuoso di un'alba/tramonto sulle cose, sulle vite. La cosa ci attrae e ci sgomenta, ma mentre paghiamo il prezzo altissimo di una simile creazione mitica, contando i morti e sfiorendo a noi stessi, ostinatamente continuiamo a creare, perché ancora non abbiamo finito. In ciò riscopriamo la rotazione che era cara ai nostri padri, e in unico gesto combattiamo il mito e lo generiamo. Un giorno ci fermeremo.

19.

Se la Pandemia è una figura mitica, *cosa volevamo pronunciare a noi stessi quando l'abbiamo disegnata*? Ecco una domanda che potrebbe avere risposte fastidiose.

20.

Se la Pandemia è un urlo, cosa stiamo urlando? Lo vogliamo *veramente* sapere, o preferiamo rinviare l'appuntamento con noi stessi e concentrarci a curare i sani e i malati – ovvio dettato quotidiano?

21.

Sarebbe d'altronde quasi innaturale che una figura mitica di tale potenza rimanesse senza spiegazioni. Dove sarebbe allora finita l'intelligenza degli umani? Le figure mitiche sono lì per essere interpretate.

Quella della Pandemia pone un'iniziale, interessante domanda: come è stato possibile forgiarla dotandola di una tale forza e velocità?

Una prima risposta è relativamente facile: benché replichi modelli mitici già sperimentati in passato – la peste! – la Pandemia è un *primum* assoluto, perché generato in una soluzione chimica mai esistita prima, quella offerta dal Game, dalla civiltà digitale. Per dirla in altri termini: la Pandemia è la più ambiziosa delle creature mitiche che abbiamo assemblato dopo essere entrati in possesso di queste tre *skills*:
1. una capacità di calcolo vertiginosa;
2. un sistema a bassissima densità e quindi percorribile ad altissime velocità da qualsiasi vettore;
3. un motore narrativo a trazione integrale, in cui chiunque – *chiunque* – può produrre storie.

Si metta qualsiasi creatura mitica in una soluzione chimica di questo genere e se ne troveranno moltiplicate la forza e la velocità.

Poi c'è una seconda risposta che è più difficile da accettare: per contenere tutta quella forza e essere capace di tutta quella velocità, la figura mitica della Pandemia doveva essere sospinta da una corrente di desiderio immane. O da un bisogno gigantesco di pronunciare qualcosa. O da una diffusissima urgenza di dare suono a uno strazio intollerabile.

Adesso possiamo anche scegliere di considerarla, per opportunismo, come una semplice emergenza sanitaria. Ma come non capire, invece, che è un urlo?

22.

La cosa più sconcertante, quando si inizia a leggere dentro la figura mitica della Pandemia, è il groviglio che vi si trova di audacia e paura, di propensione al cambiamento e nostalgia per il passato, di dolcezza e cinismo, di meraviglia e orrore. Bisogna farsene una ragione. Bisogna riuscire ad abituarsi. C'è di tutto, là dentro.

D'altronde, delle creature mitiche si sa che non formano, di per sé, sistemi coerenti. Il Mito è una rete strappata. Non produce *ordine*, ma *definizione*: nomina ma non può disciplinare, scandisce ma non armonizza, enumera ma non calcola. Il Mito restituisce, degli umani, la sostanza irrisolvibile.

È un libro mastro dove *dare* e *avere* non producono un risultato finale, ma tanti risultati possibili.

Così, entrare nelle figure mitiche per capirne il messaggio è spesso un viaggio in voci disarticolate dove sarebbe una forzatura ricostruire un canto, o anche solo un eloquio.

Ascoltare urla, è la regola.

Non spaventarsi, l'obbiettivo.

23.

In moltissimi si è pensato: ma che follìa di vita facevamo, prima?

La figura mitica della Pandemia porta nel ventre, tra le altre cose, questa epifania, pronunciata con una chiarezza destinata a non risparmiare nessuno. Essa dice che era una follìa andare a quei ritmi, disperdere così tanta attenzione e sguardo, smarrire qualsiasi intimità con se stessi, scambiarsi corpi nevroticamente senza fermarsi a contemplare il proprio, vedere molto fino a raggiungere una certa cecità, conoscere molto fino a non capire più nulla. Nel *ralenti* a cui ha costretto l'intero mondo, la Pandemia ha tirato fuori fotogrammi, dal film delle vite, che non si potevano vedere: spesso contenevano il volto dell'assassino, o il volo dell'angelo. E nella costrizione all'immobilità ha spalancato quarte dimensioni che si erano abbandonate.

È indubbio che volevamo, e cercavamo, qualcosa di simile. Forse, tra le correnti di desiderio che hanno spinto quella figura mitica fino alla superficie del mondo con tanta violenza improvvisa, una delle più forti è stata proprio questa: il bisogno spasmodico di *fermarsi*. In questo senso, la Pandemia è stata veramente un urlo. Un urlo di fatica. Di ribellione.

Il bambino quando piega le ginocchia e si lascia cadere perché non ce la fa più.

E infatti poi la ripresa – che fa parte ancora integrante

della figura mitica – è un tornare strano, riottoso, più che altro dettato dalla necessità di rimettere in moto il giro del denaro. Ma con un'incrinatura nel senso delle cose – ineliminabile.

24.

Certo è anche un urlo per gridare *Aiuto!* dalla prigione di una Storia, per così dire, *addomesticata*. Orfani delle guerre – atroci, ma molto efficaci come strappi controllati all'inerzia delle esistenze – gli umani hanno ritrovato nella Pandemia l'elettrizzante accadere di qualcosa che spezza, interrompe, ricomincia, termina. Mentre tutto ormai è una derivazione morbida da ciò che precede, e qualsiasi strappo è comunque considerato inadatto, dovendosi preferire, secondo un certo galateo della Storia addomesticata, lo scivolare nel nuovo solo a piccoli passi, tutti collegabili, tutti derivabili logicamente. Con quell'effetto *continuità* che alla fine soffoca le coscienze, mentre concede loro un conforto. Perfino l'avvento del Game è stato, in fondo, un evento morbido, quasi uno scivolare nel nuovo con tutta la cautela possibile, a un pelo dallo scusarsi. E la più grande delusione degli ultimi vent'anni è stata scoprire che la frase "nulla sarà come prima" è bigiotteria intellettuale se nemmeno dopo l'*11 Settembre* è risultata vera.

La verità è che è sempre tutto come prima, solo un po' più pulito.

Bisognava riuscire a pronunciare quanto questo sia intollerabile, alla lunga.

Trovare una figura mitica dove scriverlo.

A qualsiasi costo.

25.

È venuto poi a galla una sorta di igienismo digitale – l'idea che i device possano essere usati per ridurre al minimo l'esposizione dei corpi al pericolo della contaminazione, di *qualsiasi* contaminazione. Evidentemente il Game portava nel ventre anche questa utopia fobica e al tempo visionaria. Una sorta di luminoso oscurantismo, che sembrerebbe ipotizzare una pulizia preesistente al contatto, un Io che si sporca nel fondersi ad altro, ma che a tutto può fondersi se disposto a calarsi nello scafandro, agilissimo, dei device digitali. Non è possibile sbagliarsi: non era questa la corrente maggiore del Game, che aveva piuttosto come idea di esperienza proprio la rotazione continua di esperienza fisica e esperienza digitale in un unico sistema di realtà. Ma ora, nella figura mitica della Pandemia, leggiamo che la tentazione di semplificare quella rotazione e ritrarsi nel digitale puro è frequente, e già srotola mondi davanti a sé. La rimozione dei corpi che porta con sé è velenosa. D'altronde, in tutta la figura mitica della Pandemia prende forma un urlo pedante, che va anche al di là dei fanatismi digitali: tutto in quella figura urla che ci tocchiamo troppo, che stiamo fisicamente troppo allo scoperto, che mescoliamo in maniera orrenda miasmi liquidi particelle, che siamo *sporchi*. Quando invece bisognerebbe coltivare l'arte delle distanze, riportare gli scambi a nuclei circoscritti e ben rodati, continuare a lavarsi le mani come Lady Macbeth.

Un immane bisogno collettivo di pulizia, forse di espiazione. Una spaventosa ondata di puritanesimo. Neanche venato di qualche inflessione moralistica o religiosa. Peggio: un semplice, amorale, istinto animale. Bestie impazzite.

26.

E inoltre. Nella creatura mitica della Pandemia abbiamo portato a formulazione un principio tattico molto preciso: non si cambia nulla se non *per contagio*. In ciò abbiamo tradotto in linguaggio elementare qualcosa che non era immediato da capire in alcune precedenti produzioni mitiche. Per esempio, il più grande evento del secolo – l'avvento del Game, della civiltà digitale – non è accaduto per gemmazione da precedenti realtà, né per una rivoluzione violenta che ha rovesciato qualcosa, né per una guerra frontale che ha modificato confini: il principale evento del secolo è accaduto sostanzialmente per contagio, a partire da singolari focolai circoscritti, e senza che alcuna forma di isolamento o lockdown si rivelasse possibile o efficace.

D'altra parte, la stessa produzione mitica che ha posto all'ordine del giorno da qualche anno la salvezza del pianeta Terra ha superato una certa massa critica, ed è diventata una figura mitica vera e propria, solo quando una forma di contagio è valsa più di qualsiasi ragionamento o dato scientifico. Anche lì, i focolai erano circoscritti e sostanzialmente controllabili fino a quando una cellula particolarmente adatta al contagio, una ragazzina/elfo, non ha creato l'epidemia. Anni di scontro frontale intellettuale non avevano generato l'avanzata che lei ha ottenuto con la fermezza del suo sguardo e delle sue parole.

Là dove fallisce l'attacco frontale, vince il contagio.
La Pandemia è un piccolo manuale di tattica. Tra le tante cose.

27.

E naturalmente montava ormai da tempo la necessità di sottoporre l'intelligenza novecentesca a un definitivo *stress test*, che ne scoperchiasse l'obsolescenza.

Tecnicamente, la Pandemia – ovvero la prima creatura mitica assemblata in era digitale – è stata governata integralmente da intelligenze novecentesche: una perfida dissimmetria. Non c'è da stupirsi se, pur nelle più diverse parti del mondo, quelle intelligenze siano più o meno approdate alle stesse soluzioni: a giocare erano tutti giocatori cresciuti alla stessa scuola, per così dire. Certo, si è potuto apprezzare qualche sfumatura diversa nello stile di gioco: ad esempio, là dove un certo *machismo* parapolitico ha provato strenuamente a negare che questa figura mitica avesse la forza che invece aveva, ma giusto per bullismo intellettuale, o narcisismo di casta; o là dove certi totalitarismi hanno cercato di dissimulare una figura mitica che interferiva con quelle da loro prodotte. Ma sostanzialmente, una Pandemia figlia dell'habitat digitale è stata governata da intelligenze novecentesche, in base a principi usurati e secondo logiche obsolete. Certo, un qualche timido uso del digitale è stato fatto. Ma non si è mai *pensato* digitale: non avrebbero d'altronde saputo farlo. Solo che la Pandemia è, invece, *geneticamente* digitale: nei modi, nella struttura, nel suo modo di evolversi, nella sua velocità, nella sua semplicità quasi infantile. Il viaggio della

Pandemia – non quello del virus, attenzione – è stato in gran parte fatto su mezzi di trasporto digitali, che non sono mai semplici vettori: danno forma, impregnano di una certa logica, impongono format, stabiliscono delle priorità, fissano dei valori, *trasmettono dati genetici*. La sostanza materiale della Pandemia è quasi integralmente digitale. È una derivazione dalla materia prima dei videogames.

Abbiamo mandato a giocarlo dei Maestri di scacchi.

Cosa cercavamo? Probabilmente volevamo sottoporli a uno *stress test* difficilissimo, per vedere come andava a finire.

Se si prova a fare un bilancio adesso, che ancora nulla è finito, una cosa clamorosa la si può già comunque azzardare: sta vacillando una delle figure mitiche più forti prodotte dalla modernità, quella della scienza. Nell'imbarazzante confusione del sapere medico chiamato ad affrontare l'emergenza, chiunque può leggere un'obsolescenza metodologica che sembra ormai essere comune a tutti i saperi. A tramontare non è tanto il mito della scienza come sapere infallibile, quanto quello della scienza come sapere *utile*. Più la scienza rivendica la correttezza del proprio metodo, difendendone maniacalmente la necessità, più distoglie i riflettori dal vero problema: i processi, obsoleti, che reggono, come uno scheletro, il flusso di quel metodo. Saperi immensi, con accesso a quantità vertiginose di dati, riescono nell'incredibile risultato di essere scarsamente utili, o di produrre soluzioni con troppa lentezza, o di porsi le domande sbagliate. Non è che in campo economico, o sociologico, e perfino filosofico, le cose vadano meglio. Nella Pandemia, la scienza medica parla per tutte le altre, denunciando l'incapacità ormai cronica di scaricare a terra le immense intelligenze, umani e artificiali, di cui disponiamo. Se il sapere finisce a produrre retorica, risposte lente e semplice buon senso, qualcosa non va, e nella figura mitica della Pandemia c'è scritto che non andrà mai più. Siamo rimasti senza Sapere, perché ci siamo affidati a un solo sapere, quello scientifico, che si è arrotolato su se stesso, irrigidito da processi obsoleti e da schematismi inadatti al Game. O lo liberiamo al più presto da se stesso, dice la Pandemia, o diventerà fede pura, mistica: attesa messianica di un vaccino.

28.

Né si può dimenticare che, con un'inclinazione invisibile, atroce da registrare adesso, la Pandemia ha versato fuori dal creato gli anziani per primi, e i deboli. Il terrorismo, per citare un'altra potente figura mitica, colpiva a caso. La Pandemia è chirurgica. Se avesse scelto i bambini?, qualcuno si è chiesto. Ne saremmo impazziti, è evidente. Invece la Pandemia ha selezionato, se vogliamo proprio guardare negli occhi le cose, con un principio logico che in fondo avevamo perso per strada: potare con decisione, conservando i rami forti. Le guerre, ad esempio, facevano il contrario: falciavano le vite più giovani e forti, come a disperdere un eccesso di vitalità, ingestibile dal potere. La Pandemia, in questo senso, sembra una figura mitica costruita alla rovescia e con molta più lucidità. Sfoltisce, rigenera, ma non toglie la terra sotto ai piedi. Possibile che tutto questo sia casuale? Per quanto possa sembrare atroce, è lecito pensare che nella costruzione di una simile immane figura mitica abbia inciso una diffusa e inconsapevole convinzione che si vive troppo a lungo. O un astio diffuso per generazioni che non lasciano il passo a nessuno. Se non addirittura un'inconfessabile utopia di forza e purezza. Con tutta la freddezza possibile, se si ha fiducia nel carattere mitico della Pandemia si deve raccogliere uno dei messaggi più taglienti che porta nel ventre. Esso dice, con una chiarezza molto sgradevole, che, nel saldo collettivo di un'intera comunità, morire meno e morire meglio non significa vivere di più e vivere meglio.

29.

C'era poi questa estenuante misurazione della salute economica, valutata in punti di Pil: le era attribuita enorme importanza, benché ormai opaco risultasse il suo nesso concreto con la vita reale. Sembravano dipenderne destini collettivi e perfino prospettive di felicità individuali. Si lottava, o ci si divideva, per un mezzo punto percentuale in più o in meno.

Le stime del Fondo Monetario Internazionale prevedono, per il 2020, che il Pil italiano di punti percentuale ne perda 12 (dodici).

Difficile dire come questa improvvisa e spettacolare slavina dei numeri segnerà la vita quotidiana. Ma certo, dove dovrebbe prevalere una certa preoccupazione, prevale invece un senso di liberazione. È come se la Pandemia avesse svuotato quei numeri di qualsiasi significato, smontando una connessione tra la gara per la ricchezza e il senso del lavoro che da tempo si sopportava con l'ottusa mitezza di animali da soma. Che evidentemente covavano una loro sconcertante vendetta.

30.

E un immane bisogno di ordine, ovviamente. L'incredibile disciplinarsi di moltitudini dietro autorità politiche fino al giorno prima disprezzate, dà alla figura mitica della Pandemia l'autorità di dire che un sordo desiderio di disciplina serpeggiava sotto la pelle di una civiltà a cui piaceva immaginarsi libera, aperta, ribelle, perfino caotica. Piaceva a certe fortunate élite, forse. Ma nel ventre ultimo c'era fame di ordine, disposizioni, divieti, limitazioni. Si conservava il piacere di un'autorità a cui ubbidire, e perfino la nostalgia per qualche esperto che indica, potente che determina, guida che suggerisce, prete che esecra, medico che prescrive, poliziotto che punisce, giudice che sancisce, giornalista che avverte, padre che educa. Simmetricamente è tornato limpido, in chi comanda, corregge, punisce, quel sentimento di legittima superiorità senza il quale il piacere dell'autorità perde buona parte del suo fascino. Paradossalmente, i più refrattari a comprendere questo messaggio della Pandemia sono stati proprio i teorici abituali dell'ordine, dell'autorità, della disciplina. Ma chi ama l'ordine lo ama per attaccare, ripulire, disciplinare, non come tattica di difesa. L'ordine per loro è l'espressione di una forza: quasi non lo riconoscono quando è la cura di una debolezza, di una fragilità, di una malattia.

31.

Ma anche dà conforto concedersi del tempo per leggere lentamente ciò che la Pandemia reca inscritto, a caratteri maiuscoli, a proposito del nostro stare *col* mondo. Era difficile dirci in modo più inequivocabile che siamo andati lunghi nella nostra tecnica di dominio dell'esistente, ostinandoci in un'infinita creazione che ha generato una sorta di rigetto nei tessuti del creato. C'è un equilibrio che non abbiamo mai trovato, e che forse addirittura non c'è. È infantile pensare che abbiamo devastato un paradiso, ma è urgente capire che abbiamo creato senza armonia. È sciocco pensare che abbiamo peccato contro la natura, ma sarebbe idiota non ammettere che abbiamo esercitato ogni nostro potere con astuzia più che con intelligenza. Sarebbe tragico considerare un castigo la malattia che uccide, ma sarà imperdonabile pensare, da ora in poi, che una sorta di immunità ci tiene al riparo dalle conseguenze di ciò che facciamo. Così, nelle corsie in cui si moriva soli senza sapere di cosa, noi abbiamo disegnato la sintesi mitica di un nostro possibile destino, per costringerci a guardarlo, a temerlo, a dirlo, forse a fermarlo.

32.

Spettacolare, infine, è il sordo vortice che sembra tenere insieme la figura intera della Pandemia, nell'inseguirsi di due immani forze contrarie.

La prima forza. Il virus non è democratico. Il virus rafforza i potenti, disfa i poveri. Il virus non fa crollare le Borse, ma devasta l'economia informale. Al cospetto del virus muoiono anche i ricchi, certo, ma vivono male soprattutto i poveri. Decine di milioni di persone stanno regredendo alla condizione di assistiti, il potere politico è tornato al centro del campo in una restaurazione fulminea che l'ha recuperato da un'agonia irreversibile. Tutta un'élite intellettuale è tornata a farsi ascoltare invece di essere archiviata. La rabbia sociale si è trovata disinnescata, confinata, silenziata.

Così la Pandemia finisce per stringere la morsa di un potere che stava perdendo la presa. Contiene un'energia che tende a fermare i tempi, a restaurare ciò che era decaduto. Sembra disegnata apposta per restituire una prospettiva mitica al dominio puro e semplice, uguale a se stesso: come per ridargli la narrazione che era andata perduta, e quindi la forza propulsiva, e in definitiva l'autorizzazione morale. È uno schema mitico che conosciamo da millenni: ogni potere sa che nulla lo rende forte come la capacità di presentarsi nell'aura mitica del salvatore, quando è il momento del pericolo, e al cospetto di un nemico.

La seconda forza. Contemporaneamente, il salto di fase della Pandemia toglie per così dire un battito alla pulsazione del potere. Sospende per un tempo lunghissimo la sequenza logica che faceva sembrare impossibile qualsiasi mondo che non fosse questo e in ciò scava un'apnea nel sistema. Spezza la catena dell'inevitabile e, inserendo esperienze inaudite, restituisce agli umani la capacità di *pensare l'impensabile*: non come gioco della fantasia, ma come tecnica di costruzione, come forma di razionalità. La cosa va compresa alla lettera, e letta a un livello molto pratico: nel crollo possibile di molte delle colonne che reggevano il sistema, si affaccia l'ipotesi che un collasso controllato, seguito da una ricostruzione con tecniche prima impensate, sia l'unico sistema per interrompere la degenerazione cronica del nostro edificio-mondo. In qualche modo, la figura mitica della Pandemia ridona legittimità, in modo tragico e quindi di altissima solennità, al principio per cui costruire è un gesto che parte dalla disponibilità a distruggere, e vivere è un'aspirazione che passa dalla capacità di morire. In questo senso rimette di fronte agli umani, con grande violenza, l'autentica figura dell'utopia: raschiandone via qualsiasi decorazione, e smontandone tutte le semplificazioni, la pronuncia nella sua forma più brutale e arcaica, al di fuori di qualsiasi galateo storico. In essa è scritto che l'unica terra dove edificare il mondo nuovo è quella su cui rovina il mondo vecchio: così ogni utopia cresce sulle macerie di un passato, ogni speranza inizia con una rinuncia, e ogni vita è il frutto di un lutto.

Davvero, fissando negli occhi la figura mitica, non è così difficile vedere quelle due forze. Il vortice del loro inseguirsi. È come se avessero scelto la Pandemia come pagina dove scrivere i propri nomi e campo di battaglia dove portare fino alla fine una faida a cui non si trovava soluzione. Forse è *questa* la cosa più importante da capire in ciò che abbiamo lasciato accadere, o addirittura voluto che accadesse: c'era uno scontro tra mondo vecchio e mondo nuovo che si trascinava da troppo tempo, e con regole di ingaggio che gli impedivano di scoppiare veramente. In una guerra di posizione logorante, se ne stava andando il tempo utile per rendere utile qualsiasi vittoria. Prima che fosse troppo tardi, un'inerzia inconfessabile sembra aver scelto un piano inclinato dove spingere tutto quanto verso una fine, qualsiasi essa sia.